OUVRAGE PUBLIÉ SOUS LES AUSPICES
DU MINISTÈRE DE L'INSTRUCTION PUBLIQUE
SOUS LA DIRECTION DE L. JOUBIN
PROFESSEUR AU MUSÉUM D'HISTOIRE NATURELLE

DEUXIÈME EXPÉDITION ANTARCTIQUE FRANÇAISE

(1908-1910)

COMMANDÉE PAR LE

Dr JEAN CHARCOT

SCIENCES NATURELLES : DOCUMENTS SCIENTIFIQUES

EMBRYOLOGIE DES SPHENISCIDÆ

PAR

R. ANTHONY ET L. GAIN
Assistant au Muséum — Préparateur au Muséum

MASSON ET Cie, ÉDITEURS
120, Bd SAINT-GERMAIN PARIS (VIe)
1915

Commission chargée par l'Académie des Sciences
d'élaborer le programme scientifique de l'Expédition

MM. les Membres de l'Institut :

Bouquet de la Grye. Bornet. Bouvier. Gaudry. Giard. Guyou. Lacroix. de Lapparent. Mangin. Mascart. Müntz. Ed. Perrier. Roux.

Commission nommée par le Ministère de l'Instruction Publique
pour examiner les résultats scientifiques de l'Expédition

MM. Ed. Perrier ..... Membre de l'Institut, Directeur du Muséum d'Histoire naturelle, Président.

Vice-Amiral Fournier. Membre du Bureau des Longitudes, Vice-Président.

Angot ..... Directeur du Bureau central météorologique.

Bayet ..... Correspondant de l'Institut, Directeur de l'Enseignement supérieur.

Bigourdan ..... Membre de l'Institut, Astronome à l'Observatoire de Paris.

Colonel Bourgeois ..... Directeur du Service géographique de l'Armée.

Bouvier ..... Membre de l'Institut, Professeur au Muséum d'Histoire naturelle.

Gravier ..... Assistant au Muséum d'Histoire naturelle.

Commandant Guyou ..... Membre de l'Institut, Membre du Bureau des Longitudes.

Hanusse ..... Directeur du Service hydrographique au Ministère de la Marine.

Joubin ..... Professeur au Muséum d'Histoire naturelle et à l'Institut Océanographique.

Lacroix ..... Membre de l'Institut, Professeur au Muséum d'Histoire naturelle.

Lallemand ..... Membre de l'Institut, Membre du Bureau des Longitudes, Inspecteur général des Mines.

Lippmann ..... Membre de l'Institut, Professeur à la Faculté des Sciences de l'Université de Paris.

Müntz ..... Membre de l'Institut, Professeur à l'Institut agronomique.

Rabot ..... Membre de la Commission des Voyages et Missions scientifiques et littéraires.

Roux ..... Membre de l'Institut, Directeur de l'Institut Pasteur.

Vélain ..... Professeur à la Faculté des Sciences de l'Université de Paris.

DEUXIÈME EXPÉDITION ANTARCTIQUE FRANÇAISE

(1908 - 1910)

COMMANDÉE PAR LE

Dr JEAN CHARCOT

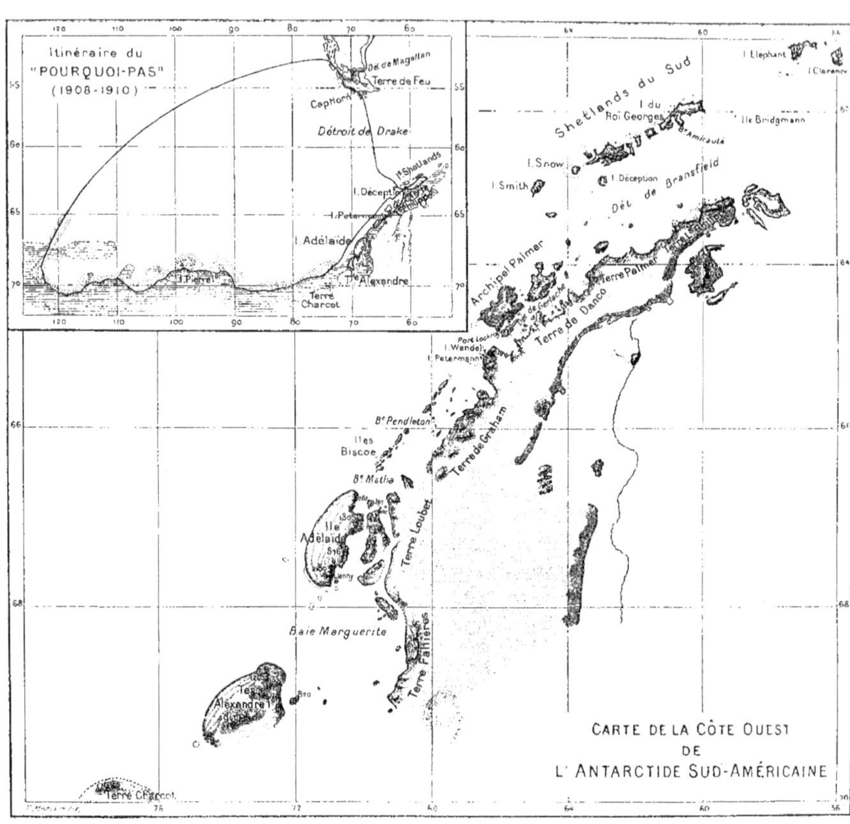

CARTE DES RÉGIONS PARCOURUES ET RELEVÉES PAR L'EXPÉDITION

MEMBRES DE L'ÉTAT-MAJOR DU "POURQUOI PAS?"

J.-B. CHARCOT

M. BONGRAIN . . . . Hydrographie, Sismographie, Gravitation terrestre, Observations astronomiques.
L. GAIN . . . . Zoologie (*Spongiaires, Échinodermes, Arthropodes, Oiseaux et leurs parasites*) Plancton, Botanique.
R.-E. GODFROY . . . . Marées, Topographie cotière, Chimie de l'air.
E. GOURDON . . . . Géologie, Glaciologie.
J. LIOUVILLE . . . . Médecine, Zoologie (*Pinnipèdes, Cétacés, Poissons, Mollusques, Cœlentérés, Vermidiens, Vers, Protozoaires, Anatomie comparée, Parasitologie*).
J. ROUCH . . . . Météorologie, Océanographie physique, Électricité atmosphérique.
A. SENOUQUE . . . . Magnétisme terrestre, Actinométrie, Photographie scientifique.

OUVRAGE PUBLIÉ SOUS LES AUSPICES DU MINISTÈRE DE L'INSTRUCTION PUBLIQUE

SOUS LA DIRECTION DE L. JOUBIN, Professeur au Muséum d'Histoire Naturelle

DEUXIÈME EXPÉDITION ANTARCTIQUE FRANÇAISE

(1908-1910)

COMMANDÉE PAR LE

Dr JEAN CHARCOT

SCIENCES NATURELLES : DOCUMENTS SCIENTIFIQUES

EMBRYOLOGIE DES SPHENISCIDÆ

PAR

R. ANTHONY ET L. GAIN

Assistant au Muséum — Préparateur au Muséum

MASSON ET Cie, ÉDITEURS

120, Bd SAINT-GERMAIN, PARIS (VIe)

1915

LISTE DES COLLABORATEURS

MM. Trouessart............ *Mammifères.*
* Anthony et Gain..... *Embryologie des Spheniscidæ.*
* Liouville............. *Cétacés* (Baleinoptères, Ziphiidés, Delphinidés).
* Gain.................. *Oiseaux.*
Liouville............. *Phoques.*
* Roule................ *Poissons.*
* Sluiter.............. *Tuniciers.*
* Joubin............... *Céphalopodes, Brachiopodes, Némertiens.*
* Lamy................. *Gastropodes, Scaphopodes et Pélécypodes.*
* J. Thiele............ *Amphineures.*
Vayssière............ *Nudibranches.*
* Keilin.............. *Diptères.*
* Ivanof.............. *Collemboles.*
* Trouessart.......... *Acariens.*
* Neumann............. *Mallophages, Ixodides.*
* Bouvier............. *Pycnogonides.*
Coutière............. *Crustacés Schizopodes et Décapodes.*
* Mlle Richardson.......... *Isopodes.*
MM. Calman.............. *Cumacés.*
* De Daday............ *Ostracodes, Phyllopodes, Infusoires.*
* Chevreux............ *Amphipodes.*
Cépède.............. *Copépodes.*
* Quidor.............. *Copépodes parasites.*
Calvet.............. *Bryozoaires.*
* Gravier............. *Polychètes, Crustacés parasites et Ptérobranches.*
Hérubel............. *Géphyriens.*
* Germain............. *Chétognathes.*
* De Beauchamp........ *Rotifères.*
Railliet et Henry.... *Helminthes parasites.*
* Hallez.............. *Polyclades et Triclades maricoles.*
* Kœhler.............. *Stellérides, Ophiurides et Échinides.*
* Vaney............... *Holothuries.*
Pax................. *Actiniaires.*
* Billard............. *Hydroïdes.*
Topsent............. *Spongiaires.*
* Pénard.............. *Rhizopodes.*
* Fauré-Frémiet....... *Foraminifères.*
* Cardot.............. *Mousses.*
* Mme Lemoine.............. *Algues calcaires* (*Mélobésiées*).
* MM. Gain................. *Algues.*
* Mangin.............. *Phytoplancton.*
Peragallo........... *Diatomées.*
* Hue................. *Lichens.*
Metchnikoff......... *Bactériologie.*
Gourdon............. *Géographie physique, Glaciologie, Pétrographie.*
* Bongrain............ *Hydrographie, Cartes, Chronométrie.*
* Godfroy............. *Marées.*
* Muntz............... *Eaux météoriques, sol et atmosphère.*
* Rouch............... *Météorologie, Électricité atmosphérique, Océanographie physique.*
Senouque............ *Magnétisme terrestre, Actinométrie.*
J.-B. Charcot....... *Journal de l'Expédition.*

Les travaux marqués d'un astérisque sont déjà publiés.

CONTRIBUTION

A L'ÉTUDE DE

L'EMBRYOLOGIE DES SPHENISCIDÆ

Par R. ANTHONY et L. GAIN

INTRODUCTION

Les études anatomiques sur les *Spheniscidæ* sont assez nombreuses et, outre celles auxquelles ont donné lieu les expéditions antarctiques récentes, il convient de rappeler à cet égard les travaux plus anciens de M. Watson (1) à la suite de l'expédition du « Challenger » et de H. Filhol à la suite de la mission pour l'étude du passage de Vénus.

Par contre, les études embryologiques concernant les animaux de ce groupe sont infiniment plus rares (2), et les quelques renseignements que nous possédons à cet égard sont dus aux recherches toutes récentes de l'un de nous (Étude d'un poussin de *Pygoscelis papua* au terme de l'incubation : Matériaux de la première expédition antarctique française); de W. P Pycraft, qui, dans son étude des matériaux ornithologiques provenant de l'expédition de la « Discovery » (1901-1904), donne quelques indications sommaires sur le développement de l'aile du *Pygoscelis Adeliæ* et de l'*Aptenodytes Forsteri*; enfin, à celles de D. Waterston et A. Campbell Geddes, qui figurent, dans l'étude qu'ils viennent de publier des *Spheniscidæ* rapportés par l'expédition nationale écossaise, une série de formes de développement du *Pygoscelis papua*. Le mémoire de ces derniers auteurs contient, en outre, un tableau de mensurations concernant cet animal aux différents moments de sa période de croissance.

(1) Voir dans cet auteur la bibliographie de la question jusqu'en 1883.

(2) M. Watson exprime, page 242, le regret de n'avoir pu aborder l'étude des formes de développement des *Spheniscidæ*.

En présence d'une telle pénurie de documents, nous avons voulu essayer de contribuer dans la mesure de nos moyens à combler cette lacune regrettable.

Nous donnons dans les planches qui accompagnent ce travail la figuration photographique d'une série considérable des formes successives de développement de quatre espèces de Pingouins. Il nous a semblé inutile d'accompagner d'un texte ces représentations, qui sont par elles-mêmes suffisamment explicatives.

D'autre part, nous avons particulièrement étudié les points suivants :

1° Le développement du squelette de l'aile ;

2° Le développement du squelette de l'extrémité postérieure ;

3° Le développement de la ptérylose.

Il nous a semblé que, chez les *Spheniscidæ*, ces trois points d'embryogénie présentaient un intérêt tout particulier.

L'aile des Pingouins, en effet, au lieu d'être adaptée au vol comme chez les autres Oiseaux, est adaptée à la nage et converge très étroitement de ce fait avec l'extrémité antérieure des Cétacés et des Tortues marines. D'autre part, le pied présente aussi chez ces animaux un aspect très spécial qu'il doit à son adaptation particulière à la marche plantigrade (1) (élargissement et raccourcissement dans l'ensemble, soudure incomplète des métatarsiens en rapport avec l'élargissement, etc.).

Enfin, au point de vue de la ptérylographie, les Pingouins sont, avec les *Ratites* et la *Palamedea*, à peu près les seuls Oiseaux qui possèdent une ptérylose uniforme et continue à l'âge adulte. Il nous a semblé intéressant de rechercher le mode d'établissement d'une disposition aussi exceptionnelle.

RÉCOLTE ET PROCÉDÉS D'UTILISATION DES MATÉRIAUX D'ÉTUDES

Au cours de la « Deuxième Expédition antarctique française » (1908-1910), l'un de nous s'était particulièrement attaché à l'étude des *Spheniscidæ* et de leur développement. En ce qui concerne ce dernier point, il s'est efforcé de recueillir le plus de documents possibles relatifs à l'embryologie des quatre espèces suivantes, qui habitent la région de l'Antarc-

(1) Il convient de signaler que certains auteurs discutent ce fait (Voir W. P. Pycraft, 1907, p. 24).

tide sud-américaine explorée par le « Pourquoi Pas? » (Shetlands du Sud, Terres de Danco, de Graham et Loubet) :

Pygoscelis Adeliæ (Hombron et Jacquinot).
— *papua* (Forster).
— *antarctica* (Forster).
Catarrhactes chrysolophus (Brandt).

Les embryons que nous avons étudiés proviennent :

1° Soit d'œufs recueillis sur les rookeries, au cours d'un simple passage de l'expédition, d'une escale de quelques heures ou de plusieurs jours (c'est le cas pour les œufs et les poussins provenant des colonies des îles Déception, du Roi-George (Shetlands du Sud), Wiencke, Booth-Wandel, Petermann (séjour de janvier 1909) ;

2° Soit d'œufs dont l'incubation a été suivie sur place dès le début (c'est de cette façon qu'il a été procédé pendant l'hivernage à l'île Petermann). Les œufs, marqués au fur et à mesure de la ponte, ont été recueillis à une certaine date, et, par les numéros inscrits sur les coquilles, il a été facile de déterminer par la suite l'âge exact de tous les embryons. Cette méthode a été suivie pour les sept premiers jours de l'incubation des œufs de *Pyg. papua*, et les onze premiers jours de l'incubation des œufs de *Pyg. Adeliæ*.

Ce procédé est d'ailleurs celui qui avait été employé au cours de l'expédition de la « Scotia » par R. N. Rudmose Brown et J. H. Harvey Pirie.

Le départ du « Pourquoi Pas? », quittant le 20 novembre 1909 sa station d'hivernage pour entreprendre une seconde campagne d'été, n'a pas permis de poursuivre ces observations jusqu'à la fin de la période de développement.

3° Enfin, une autre partie des embryons a été obtenue en couveuse.

Ne pouvant attendre sur place l'incubation de certains œufs, — par suite de la navigation que le « Pourquoi Pas? » était obligé d'entreprendre pendant l'été, pour continuer son exploration et ses recherches océanographiques, — il a fallu chercher un moyen de se procurer des embryons de certaines espèces dont on n'avait pu recueillir que les œufs au moment de la ponte.

On disposait à bord d'une étuve à eau, composée d'un cylindre en cuivre à double paroi, dans la chambre intérieure duquel étaient placées trois tablettes sur lesquelles on rangeait les œufs. Une lampe à pétrole servait de source calorifique. Le réglage dut se faire par tâtonnement, en cherchant à quelle distance du fond de l'étuve il fallait placer la lampe pour obtenir la température désirée.

En dépit de ces moyens rudimentaires, de la place presque impossible à trouver qui permît à cette étuve d'être garantie contre les nombreuses causes extérieures pouvant faire varier sa température, on put, après plusieurs jours de tâtonnements, parvenir à assurer une température constante de + 37° à + 39° C. environ. En prenant la température des divers Oiseaux, on avait préalablement constaté que celle-ci était voisine de + 39°.

Chaque jour, matin et soir, les œufs étaient mis à l'air quelques instants et retournés.

Malgré tous les multiples inconvénients impossibles à éviter dans les circonstances où l'on se trouvait, les résultats furent de nature à satisfaire. Et si certains œufs, après avoir couvé quelques jours, s'arrêtèrent dans leur développement (notamment les œufs de *Pyg. papua*), chez d'autres espèces l'incubation se poursuivit normalement.

La température de 37° à 39° à laquelle étaient soumis les œufs appartenant à des espèces différentes d'Oiseaux ne convenait probablement pas à toutes. Trop forte pour certaines, elle ne l'était peut-être pas assez pour d'autres. De plus, les conditions dans lesquelles couvaient ces œufs étaient très différentes des conditions ordinaires. Cependant, grâce à ce procédé, L. Gain a pu, outre plusieurs embryons de *Pyg. Adeliæ* et *Pyg. papua*, se procurer une collection d'embryons de *Daption capensis* aux différents stades de l'incubation, depuis les premiers jours jusqu'au vingt-cinquième, c'est-à-dire quatre ou cinq jours seulement avant l'éclosion du poussin. Ils feront l'objet d'études ultérieures.

En nous basant sur ces résultats, acquis dans des conditions si défectueuses, nous ne saurions trop recommander aux futures expéditions l'usage de couveuses véritables pour se procurer des séries d'embryons d'Oiseaux.

Pour nos études sur le développement du squelette de l'aile et de celui de l'extrémité postérieure, nous avons employé, lorsqu'il s'agissait de formes très jeunes, le procédé de l'éclaircissement par l'essence de cèdre (1) et, lorsqu'il s'agissait de formes plus âgées, la simple dissection sous la loupe binoculaire de Zeiss.

LISTE DES EMBRYONS (2) ET POUSSINS DE *SPHÉNISCIDÉS* RECUEILLIS AU COURS DE LA CAMPAGNE DU « POURQUOI PAS ? »

1. — PYGOSCELIS ADELIÆ.

Nos 57 à 59 (3). — Embryons au terme de l'incubation. Ile Booth-Wandel. 30 décembre 1908.

No 353. — Deux blastodermes (premier jour). Ile Petermann, 20 novembre 1909.

No 354. — Embryon de 10 jours obtenu à l'étuve. Œuf pondu le 12 novembre 1909, mis à couver le même jour et retiré le 22 novembre 1909. Ile Petermann.

No 363. — Embryons de 11 jours : œufs pondus le 14 novembre, enlevés du nid et fixés le 24 novembre 1909. 2 exemplaires.

No 364. — Embryons de 10 jours : œufs pondus le 15 novembre, enlevés du nid et fixés le 24 novembre 1909. 2 exemplaires.

No 365. — Embryons de 9 jours : œufs pondus le 16 novembre, enlevés du nid et fixés le 24 novembre 1909. 2 exemplaires.

No 366. — Embryons de 8 jours : œufs pondus le 17 novembre, enlevés du nid et fixés le 24 novembre 1909. 4 exemplaires.

No 367. — Embryons de 7 jours : œufs pondus le 18 novembre, enlevés du nid et fixés le 24 novembre 1909. 3 exemplaires.

No 368. — Embryons de 6 jours : œufs pondus le 19 novembre, enlevés du nid et fixés le 24 novembre 1909. 3 exemplaires.

No 369. — Embryons de 5 jours : œufs pondus le 20 novembre, enlevés du nid et fixés le 24 novembre 1909. 2 exemplaires.

(1) La très remarquable méthode de Spaltholz n'était point entrée dans la pratique au moment où nous entreprenions ces recherches.

(2) Pour la commodité du langage, nous désignerons sous le terme d'*embryons* toutes les formes de développement antérieures à l'éclosion.

(3) Numéros des carnets de l'Expédition.

N° 370. — Embryons de 4 jours : œufs pondus le 21 novembre, enlevés du nid et fixés le 24 novembre 1909. 2 exemplaires.

N° 371. — Embryons de 3 jours : œufs pondus le 22 novembre, enlevés du nid et fixés le 24 novembre 1909. 2 exemplaires.

N° 372. — Embryons de 1 ou 2 jours : œufs pondus le 23 ou 24 novembre, enlevés du nid et fixés le 24 novembre 1909. 2 exemplaires.

N° 392. — Embryons de 9 jours : œufs pondus le 16 novembre, enlevés du nid et fixés le 24 novembre 1909. 2 exemplaires.

N° 393. — Embryons de 8 jours : œufs pondus le 17 novembre, enlevés du nid et fixés le 24 novembre 1909. 2 exemplaires.

N° 394. — Embryons de 7 jours : œufs pondus le 18 novembre, enlevés du nid et fixés le 24 novembre 1909. 2 exemplaires.

N° 395. — Embryons de 6 jours : œufs pondus le 19 novembre, enlevés du nid et fixés le 24 novembre 1909. 2 exemplaires.

N° 396. — Embryon de 5 jours : œuf pondu le 20 novembre, enlevé du nid et fixé le 24 novembre 1909. 1 exemplaire.

N° 397. — Embryon de 4 jours : œuf pondu le 21 novembre, enlevé du nid et fixé le 24 novembre 1909. 1 exemplaire.

N° 390. — Embryon provenant d'un œuf pondu le 15 novembre 1909, mis le même jour en couveuse, retiré et fixé le 30 novembre 1909.

N° 442. — Embryon provenant d'un œuf pondu le 13 novembre 1909, mis à l'étuve le même jour, retiré et fixé le 2 décembre 1909.

N° 449. — Embryon provenant d'un œuf pondu le 14 novembre 1909, mis le même jour en couveuse, retiré et fixé le 4 décembre 1909. L'incubation s'est arrêtée vers le quinzième jour.

N° 481. — Embryon provenant d'un œuf pondu le 13 novembre 1909, mis le même jour en couveuse, retiré et fixé le 10 décembre 1909. Arrêt dans l'incubation vers le quinzième jour.

N°s 895 et 897. — Poussins âgés d'une semaine. Capturés sur la rookerie de la baie de l'Amirauté, île du Roi-George (Shetlands du Sud), le 26 décembre 1909.

N°s 896 et 898. — Poussins âgés de 5 jours environ. Tête d'un noir brunâtre, corps gris, tarses et pattes d'un brun légèrement rougeâtre.

N°s 889, 890, 891. — Poussins âgés de 3 semaines ; duvet gris légérement brunâtre; tarses et pattes rose orangé; griffes brun grisâtre.

Nos 892 et 893. — Poussins de 15 jours environ.

No 894. — Poussins de 10 jours environ (provenance du no 895).

2. — PYGOSCELIS PAPUA.

No 18. — Œuf de 55mm,5 × 73 millimètres, éclosion du poussin. Port-Lockroy.

Nos 37 à 44. — Embryons âgés de 3 à 4 semaines. Rookerie de Port-Lockroy (île Wiencke), 28 décembre 1908.

Nos 45. — Embryon au terme de l'incubation. — 46 : poussin à sa sortie de l'œuf. — 47, 48 et 53 : poussins âgés de 2 jours. — 49 : poussin de 3 à 4 jours. Port-Lockroy, 28 décembre 1908.

No 357. — Embryon de 7 jours : œuf pondu le 18 novembre 1909, pris et fixé le 24 novembre. 1 exemplaire.

No 358. — Embryons de 6 jours : pondus le 19 novembre 1909, pris et fixés le 24 novembre. 2 exemplaires.

No 359. — Embryons de 5 jours : œufs pondus le 20 novembre 1909, pris et fixés le 24 novembre. 2 exemplaires.

No 360. — Embryons de 4 jours : œufs pondus le 21 novembre 1909, pris et fixés le 24 novembre. 2 exemplaires.

No 361. — Embryons de 3 jours : œufs pondus le 22 novembre 1909, pris et fixés le 24 novembre. 2 exemplaires.

No 362. — Embryons de 1 ou 2 jours : œufs pondus le 23 ou 24 novembre 1909, pris et fixés le 24 novembre 1909. 2 exemplaires.

Embryons provenant de la rookerie de l'île Petermann.

No 398. — 4 embryons dans les premiers jours d'incubation. Port-Lockroy, 26 novembre 1909.

Nos 907. — Poussin âgé de 7 à 8 jours. Pris à la baie de l'Amirauté, île du Roi-George (Shetlands du Sud), 26 décembre 1909. — 908 et 909 : poussins âgés de 5 à 6 jours.

No 922. — Embryon de 4 semaines. Provenance du no 907.

No 901. — Poussin âgé de 4 semaines environ : gorge, cou, région ventrale, dessous des ailerons blancs ; front, nuque, région supérieure du dos gris légèrement brunâtre ainsi que la face antérieure des ailerons, dont le bord est blanc; mandibule supérieure noir brunâtre sur le culmen, passant latéralement au rouge orangé : la mandibule inférieure est rouge orangé et passe au noir brunâtre vers la pointe. Tarses et pattes rouge orangé; griffes brun foncé.

N°s 902. — Poussin âgé de 3 semaines. — 903 et 904 : poussins de 2 à 3 semaines. — 905 : poussin de 15 jours environ. — 906 : poussin d'une dizaine de jours (provenance du n° 907).

3. — PYGOSCELIS ANTARCTICA.

N°s 443. — 1 embryon dans les premiers jours d'incubation. — 444 : 1 embryon de 3 ou 4 jours. — 445 : 3 embryons de 5 ou 6 jours. — 446 : 1 embryon de 8 à 9 jours (île Déception, Shetlands du Sud, 28 novembre 1909).

N° 472. — 1 embryon de 14 à 15 jours environ. — 473 : 2 embryons de 19 jours environ. — 474 : 2 embryons de 16 à 17 jours. — 475 : 2 embryons de 17 à 18 jours. — 476 : 2 embryons de 19 jours environ. — 477 : 2 embryons de 20 jours environ. — 478 : 2 embryons de 22 jours environ. — 479 : 2 embryons de 24 jours environ. — 480 : embryon de 28 jours environ (rookerie de la côte S.-E. de l'île Déception, 7 décembre 1909).

N°s 815. — Poussin de 2 ou 3 jours : duvet soyeux gris argenté très clair : bec noir, pointe brunâtre, dent blanche. Paupières noires. Tarses et pattes d'un rose violacé pâle, doigts et palmures passant au gris vers leur extrémité. — 816, 817, 818 : poussins de 1 ou 2 jours. — 819, 820, 821 : poussins, premier jour. — 822 : poussin à sa sortie de l'œuf (île Déception, 15 décembre 1909).

N°s 823 à 827 : embryons parvenus au terme de l'incubation. — 828 : 2 embryons âgés de 30 jours : la plus grande partie du corps est recouverte de duvet gris argenté très pâle. — 829 : 4 embryons, quelques jours avant l'éclosion. — 830 : embryon de 30 jours environ. — 831 : 3 embryons de 26 à 28 jours environ : duvet localisé à certaines régions du corps, extrémités du bec et des griffes blanches. — 832 : 1 embryon de 26 jours environ. — 833 : embryon de 24 jours environ. — 834 : embryon de 18 jours environ (île Déception, 15 décembre 1909).

Nos 858, 859, 860. — Poussins de 3 ou 4 jours. — 861 : poussin de 4 à 5 jours. — 862 : poussin de 5 à 6 jours. — 863 : poussin de 1 semaine environ (pris sur les nids : rookerie de la côte ouest de l'île Déception, 21 décembre 1909. Le quart des œufs étaient éclos).

4. — CATARRHACTES CHRYSOLOPHUS.

No 416. — Embryon de 6 à 8 jours.

No 417. — 2 embryons de 8 à 9 jours environ.

No 418. — Embryon de 9 à 10 jours environ.

No 419. — 2 embryons de 11 jours environ.

No 420. — Embryon de 12 à 13 jours.

No 421. — 2 embryons de 14 à 15 jours environ.

(Provenant d'œufs trouvés dans une colonie d'une cinquantaine d'individus sur les rochers à l'ouest de l'entrée de Port-Foster, île Déception, 4 décembre 1909.)

No 809. — Embryon de 22 à 23 jours.

No 856. — Embryon de 23 à 24 jours.

No 810. — Embryon de 24 à 25 jours.

No 811. — Embryon de 24 jours environ.

No 812. — 3 embryons de 25 jours environ.

No 812 *bis*. — 2 embryons de 25 jours environ.

Nos 813, 814, 857. — 5 embryons de 24 à 26 jours.

(Rookerie de la côte est de l'île Déception, 15 décembre 1909.)

No 864. — 1 embryon de 26 jours environ. Le duvet commence à se développer.

No 865. — Embryon de 27 jours environ.

No 866. — Embryon de 28 jours environ.

No 867. — Embryon de 29 jours environ.

No 868. — Embryon de 30 jours environ. Région ventrale d'un blanc légèrement grisâtre ; cou, tête et parties dorsales d'un noir brunâtre. (Ile Déception, 17 décembre 1909.)

I. — LE DÉVELOPPEMENT DU SQUELETTE DE L'AILE

Cette étude avait déjà été ébauchée par W. P. Pycraft. D'autre part, D. Waterston et A. Campbell Geddes donnent (Pl. III, fig. 26) une photographie d'aile d'embryon de *Pygoscelis papua*. Nous nous sommes efforcés, et cela nous était possible, grâce aux nombreux matériaux dont nous disposions, de faire de cette question une étude plus complète que celle qu'avaient pu effectuer ces auteurs.

1° Au stade le plus jeune qu'il nous ait été permis d'observer, chez un *Pygoscelis Adeliæ* (Pl. VII ; I), on distingue très nettement les pièces squelettiques du bras et de l'avant-bras, ainsi qu'au carpe le radial, constitués de tissu cartilagineux bien différencié. Le cubital, le massif tarsien distal, les rayons 1, 2 et 3 n'ont pas encore subi la différenciation cartilagineuse complète. Il convient de remarquer aussi l'écartement caractéristique, la brièveté des rayons, ainsi que l'égalité de longueur des rayons 2 et 3, le rayon 1 étant seul très court. Notons enfin qu'aucune trace de segmentation de ces rayons n'est visible.

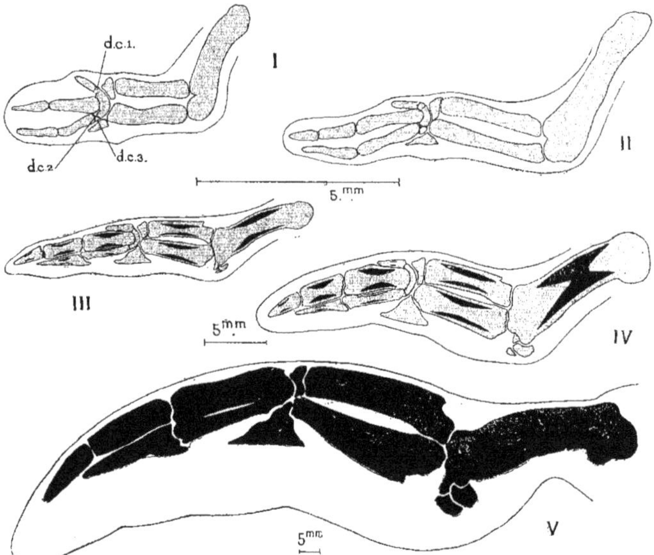

Fig. 1. — Développement du squelette de l'aile chez le *Catarrhactes chrysolophus*. — I, n° 420. — II, n° 421. — III, n° 856. — IV, n° 868. — V, adulte. — *dc1*, premier tarsien distal. — *dc2*, deuxième tarsien distal. — *dc3*, troisième tarsien distal (*L. Gain ad nat. del.*)

2° A un stade un peu plus avancé (*Catarrhactes chrysolophus*, fig. 1, I), on note la différenciation cartilagineuse complète des éléments existant au stade précédent : le massif tarsien distal s'est subdivisé en trois parties correspondant chacune à l'un des rayons (il semble que *dc* 1 et *dc* 3 proviennent plutôt de la subdivision de *dc* que de la segmentation des rayons 1 et 3), et, d'autre part, les rayons 2 et 3 se sont segmentés en deux parties. Notons enfin un léger allongement du rayon 3 par rapport au rayon 2 et une tendance au rapprochement de ces 2 rayons.

3° Le stade suivant, représenté par I (Pl. IX, *Pygoscelis antarctica*) et II (fig. 1, *Catarrhactes chrysolophus*), est caractérisé par un rapprochement du rayon 2 et du rayon 3, par un allongement du rayon 2 par rapport au rayon 3, enfin par la présence de trois segments dans le rayon 2.

4° Dans un quatrième stade (Voir II, Pl. VII, *Pygoscelis Adeliæ*), on voit l'ossification commencer à la périphérie de l'humérus, du radius, du cubitus, des segments proximaux du rayon 2 et du rayon 3.

En même temps, les trois éléments de la pièce carpienne distale paraissent s'être fusionnés.

5° Cinquième stade (Voir Pl. VIII, *Pygoscelis papua*, I; Pl. IX, *Pygoscelis antarctica*, II et III; fig. 1, *Catarrhactes chrysolophus*, III). Apparition d'un, puis de deux sésamoïdes (fig. 1, III) dans le tendon brachial (*h* et *h'*). Envahissement de tous les éléments (sauf les éléments carpiens) par l'ossification périphérique. L'extrémité tend, à partir de ce moment, à prendre la forme définitive qu'elle possède chez l'adulte.

6° Un peu plus tard (fig. 1, *Catarrhactes chrysolophus*, IV), l'ossification s'étend jusqu'au centre de l'humérus.

7° La Planche IX (*Pygoscelis antarctica*, IV) nous montre l'ossification atteignant le centre du radius, du cubitus et des trois segments du rayon 2.

8° Ce n'est qu'ultérieurement que l'ossification envahit le centre des segments du rayon 3. Le processus s'effectue d'abord pour le segment proximal du rayon 3 (Voir Pl. VII, *Pygoscelis Adeliæ*, III). En même temps le massif carpien distal se soude aux segments proximaux des rayons.

9° Il s'effectue ensuite pour le segment distal de ce même rayon (Pl. IX, *Pygoscelis antarctica*, V).

10° Dixième stade : Ossification centrale du rayon 1 (Voir Pl. VIII, *Pygoscelis papua*, II).

11° Onzième stade : soudure du premier rayon au segment proximal du deuxième. Accroissement de l'ossification (Voir Pl. VII, *Pygoscelis Adeliæ*, V ; Pl. VIII, *Pygoscelis papua*, IV et V ; Pl. IX, *Pygoscelis antarctica*, VI).

12° Douzième stade : apparition d'un point d'ossification da nsle radial et d'un autre point dans le massif carpien distal (Voir Pl. VII, *Pygoscelis Adeliæ*, VI ; Pl. VIII, *Pygoscelis papua*, VI). Pour parvenir à l'état adulte, il suffit que l'ossification se complète dans les éléments où elle a déjà débuté et que le cubital, ainsi que les sésamoïdes tricipitaux, s'ossifient à leur tour.

II. — LE DÉVELOPPEMENT DU SQUELETTE DE L'EXTRÉMITÉ POSTÉRIEURE

Il semble que, sur cette question, nous n'ayons encore aucune documentation.

1° Au stade le plus jeune qu'il nous ait été donné d'observer (Voir fig. 4, *Catarrhactes chrysolophus*, I), on distingue très nettement le tibia, le péroné, le péronéal, le tibial et les cinq rayons. A leurs extrémités distales, les rayons 1, 2, 3, 4 n'ont pas encore subi une différenciation cartilagineuse complète. On aperçoit très nettement trois segments dans le rayon 3 et dans le rayon 4, deux segments dans le rayon 2.

2° Dans la figure 2 (*Pygoscelis Adeliæ*, I), l'état de développement est le même, à cela près que la différenciation cartilagineuse est complète.

3° Troisième stade (Voir fig. 2, *Pygoscelis Adeliæ*, II ; fig. 4, *Catarrhactes chrysolophus*, II). Les rayons 2, 3, 4 possèdent leur nombre de segments définitifs, à savoir : R2 = 3, R3 = 4, R4 = 5. Le péroné présente à son extrémité inférieure une réduction de volume caractéristique. L'extrémité proximale du rayon 1, non encore segmenté, se trouve reportée du côté de la face plantaire.

4° Figure 3 (*Pygoscelis antarctica*, I) : soudure du rayon 5 au massif tarsien distal.

5° Cinquième stade (Voir fig. 3, *Pygoscelis antarctica*, II) : tripartition du rayon 1. Apparition de l'ossification périphérique dans les segments

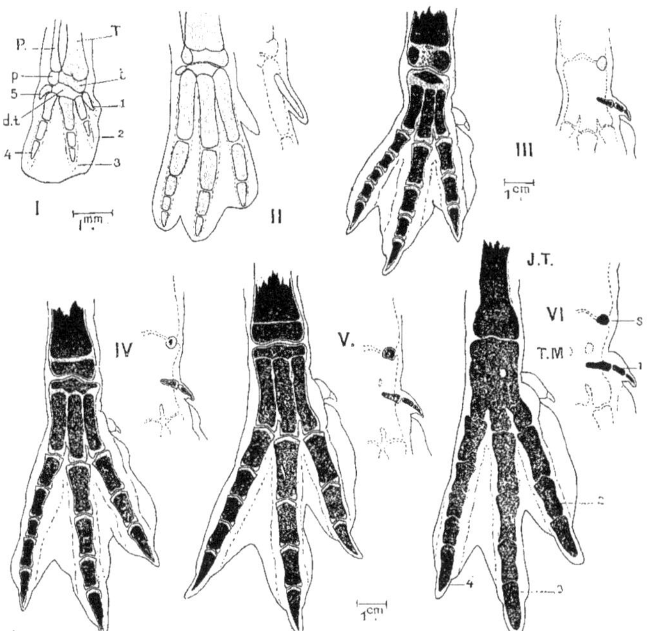

Fig. 2. — Développement du squelette de l'extrémité postérieure chez le *Pygoscelis Adeliæ*. — I, n° 390 — II, n° 449. — III, n° 894. — IV, n° 892. — V, n° 889. — VI, adulte. — T, tibia ; P, péroné ; *t*, tibial ; *p*, péronéal ; *dt*, massif tarsien distal ; 1, premier rayon ; 2, deuxième rayon ; 3, troisième rayon ; 4, quatrième rayon ; 5, cinquième rayon ; *s*, sésamoïde intertarsien ; JT, complexe constitué chez l'adulte par les os de la jambe et le massif tarsien proximal confondus. — T. M, complexe constitué chez l'adulte par le métatarse et le massif tarsien distal confondus (*L. Gain ad nat. del.*)

proximaux des rayons 2, 3, 4. Début de soudure du massif tarsien distal avec le métatarsien 2.

6° Sixième stade (Voir Pl. X, *Pygoscelis papua* I, et fig. 3, *Pygoscelis antarctica*, III) : soudure du péronéal et du tibial ; soudure à peu près complète du massif tarsien distal avec les têtes des métatarsiens 2, 3 et 4. L'ossification périphérique intéresse tous les segments des orteils 2, 3, 4.

7° Septième stade (Voir Pl. X, *Pygoscelis papua*, II) : l'ossification intéresse le centre de tous les segments des rayons 2, 3, 4 (sauf les segments 3, 4, 5 du rayon 4). L'ossification périphérique débute dans les segments du rayon 1.

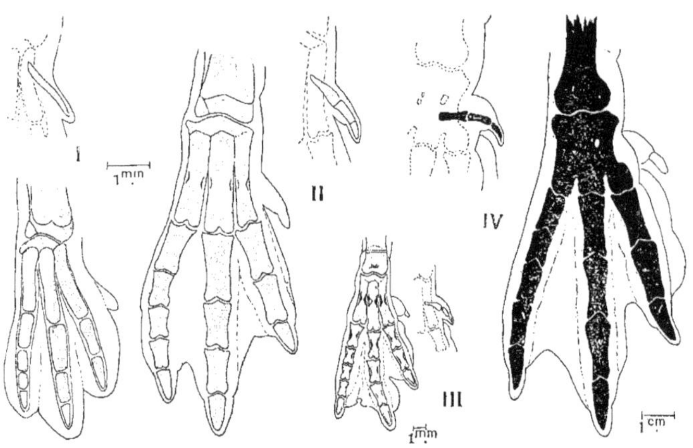

Fig. 3. — Développement du squelette de l'extrémité postérieure chez le *Pygoscelis antarctica*. — I, n° 472. — II, n° 475. — III, n° 833. — IV, adulte (*L. Gain ad nat. del.*)

8° Huitième stade (Voir Pl. X, *Pygoscelis papua*, III) : l'ossification intéresse le centre de tous les segments sans exception des rayons 2, 3, 4.

9° Neuvième stade (Voir Pl. X, *Pygoscelis papua*, IV) : l'ossification centrale envahit les segments du rayon 1.

10° Dixième stade (Voir Pl. X, *Pygoscelis papua*, V) : apparition de deux points d'ossification dans le massif tarsien proximal, l'un correspondant au tibial, l'autre au péronéal. Apparition dans le massif tarsien distal d'un point d'ossification qui correspond probablement à l'élément dépendant du rayon 3. Apparition d'un sésamoïde au niveau de l'extrémité interne de l'interligne médio-tarsien. Accroissement général de l'ossification.

11° Onzième stade (Voir fig. 2, *Pygoscelis Adeliæ*, III). Extension en dedans et en dehors du point d'ossification correspondant au massif tarsien distal.

12° Douzième stade (Voir fig. 2, *Pygoscelis Adeliæ*, IV). Fusion des deux points d'ossification du massif tarsien proximal. Apparition d'un point d'ossification dans le sésamoïde médio-tarsien. L'embryon de *Pygoscelis papua*, dont l'extrémité postérieure est représentée Pl. X, VI, paraît présenter une particularité. A un stade correspondant à celui du *Pygoscelis Adeliæ* IV (fig. 2), on constate la présence de trois points d'ossification encore indépendants dans le massif tarsien distal.

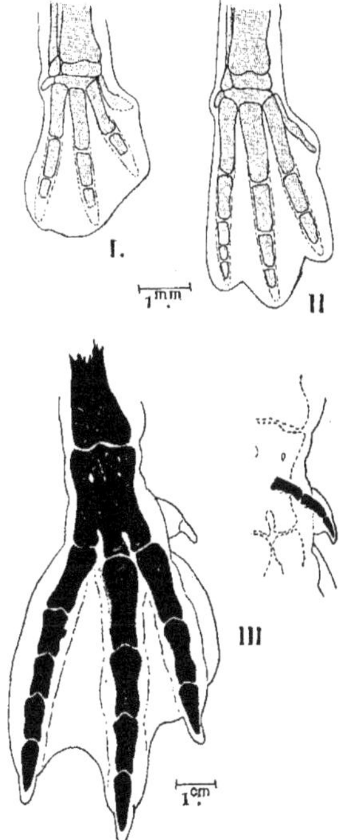

Fig. 4. — Développement du squelette de l'extrémité inférieure chez le *Catarrhactes chrysolophus*. — I, n° 420. — II, n° 421. — III, adulte (*L. Gain ad nat. del.*)

13° Treizième stade (Voir fig. 2, *Pygoscelis Adeliæ*, V, et Pl. X, *Pygoscelis papua*, VII). Progrès général de l'ossification. Pour parvenir à la disposition adulte, il suffit que se produisent la soudure du massif osseux tarsien proximal avec le tibia, celle du massif osseux tarsien distal avec les têtes des métatarsiens, celle enfin des métatarsiens entre eux.

III. — LE DÉVELOPPEMENT DE LA PTÉRYLOSE

Depuis le travail fondamental de Nitzsch, la ptérylographie des princi-

Fig. 5. — État de la ptérylose chez un *Pygoscelis antarctica*, 14 à 15 jours environ d'incubation (nº 472). Les bulbes pennigères du coccyx sont seuls visibles. (Pour la taille exacte des exemplaires représentés dans les figures 5 à 14, se reporter aux planches où les nºˢ 472, 477, 479, 420, 421, 856 et 812 sont représentés. En consultant la liste donnée au début de ce travail, il est aisé d'apprécier les dimensions exactes des nºˢ 474, 476, 478).

Fig. 6. — État de la ptérylose chez un *Pygoscelis antarctica*, 16 à 17 jours environ d'incubation (nº 474).

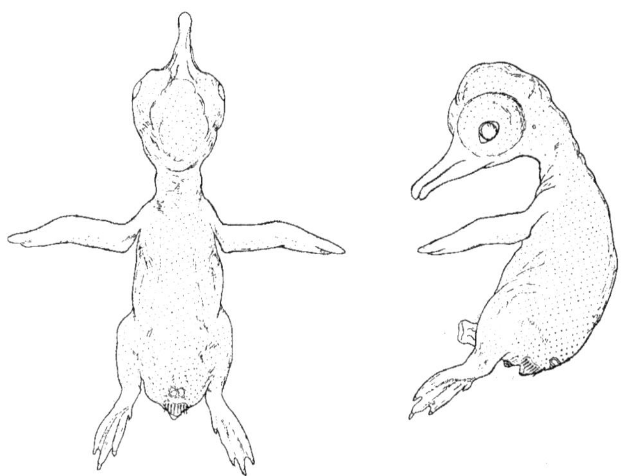

Fig. 7. — État de la ptérylose chez un *Pygoscelis antarctica*, 19 jours environ d'incubation (nº 476).

paux types d'Oiseaux est bien connue, mais les documents concernant la marche du développement ontogénique de la ptérylose sont encore extrêmement peu nombreux.

Nous nous sommes bornés à faire cette étude pour le *Pygoscelis antarctica* et le *Catarrhactes chrysolophus* seulement (1).

(1) Prière de suivre la description non seulement sur les figures du texte, mais également sur les planches.

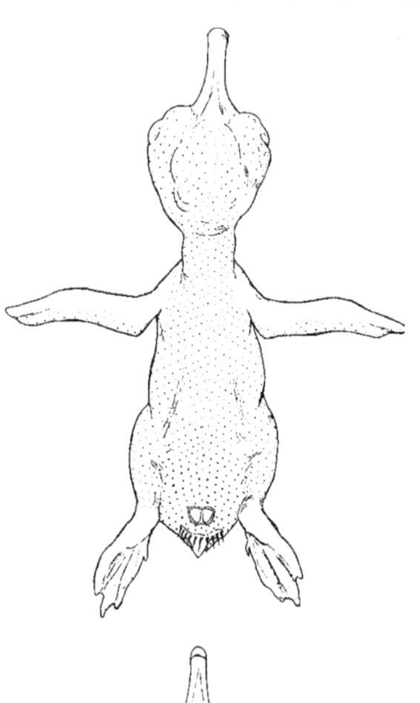

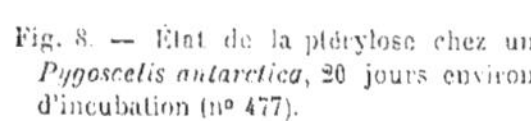

Fig. 8. — État de la ptérylose chez un *Pygoscelis antarctica*, 20 jours environ d'incubation (nº 477).

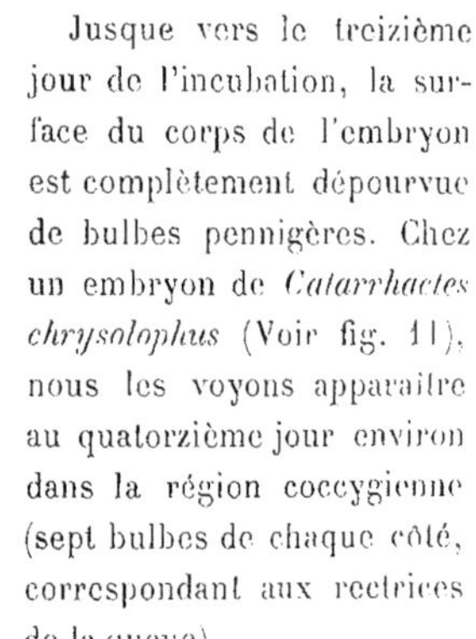

Jusque vers le treizième jour de l'incubation, la surface du corps de l'embryon est complètement dépourvue de bulbes pennigères. Chez un embryon de *Catarrhactes chrysolophus* (Voir fig. 11), nous les voyons apparaître au quatorzième jour environ dans la région coccygienne (sept bulbes de chaque côté, correspondant aux rectrices de la queue).

Les régions qui s'en-

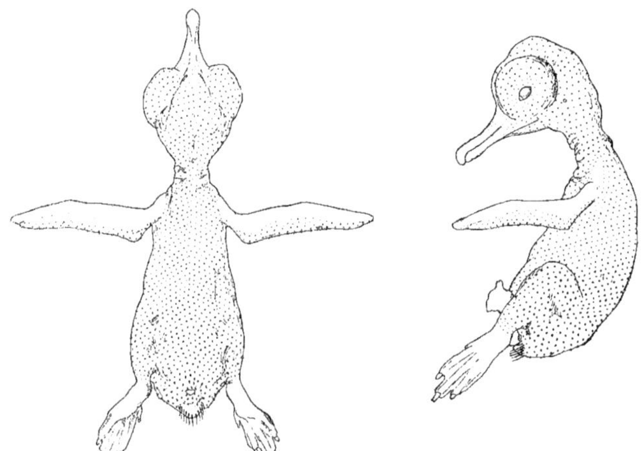

Fig. 9. — État de la ptérylose chez un *Pygoscelis antarctica*, 22 jours environ d'incubation (nº 478).

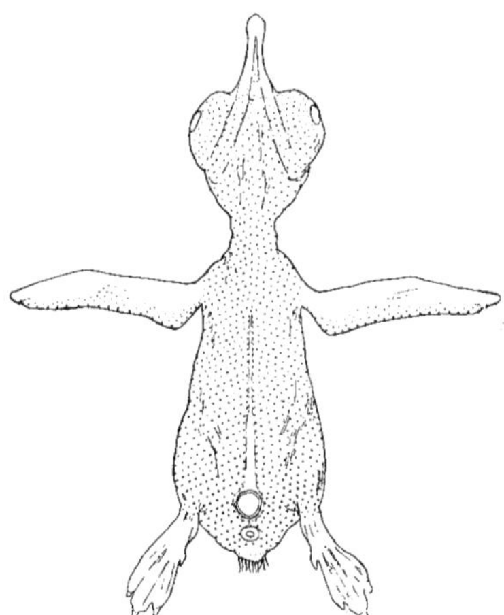

vahissent ensuite sont le contour supérieur des yeux et la partie inférieure du tronc, aussi bien en avant qu'en arrière. Les bulbes de ces deux régions sont d'ailleurs, toujours au point de vue du développement, en avance sur ceux des autres régions.

Parmi ces dernières, celles qui se garnissent ensuite sont la région du dos, la région postérieure du cou, les cuisses, la région ventrale à l'exception d'une bande

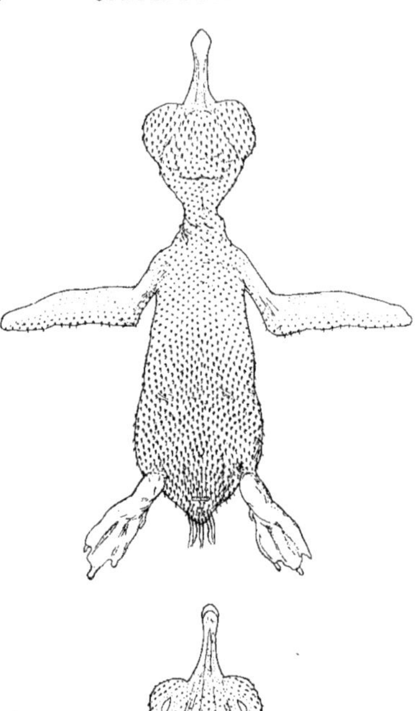

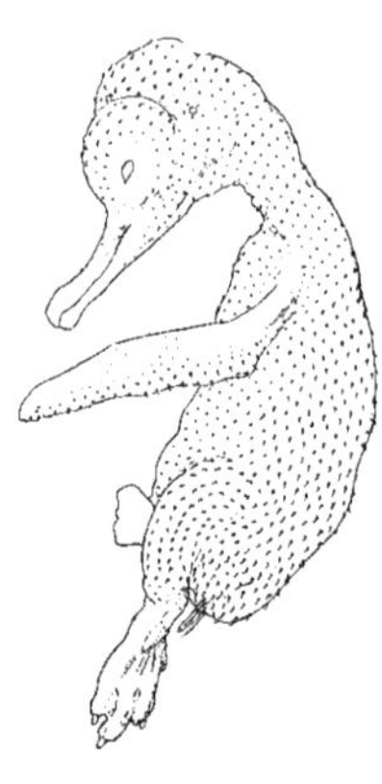

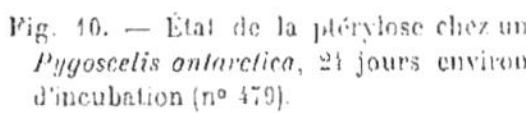

Fig. 10. — État de la ptérylose chez un *Pygoscelis antarctica*, 24 jours environ d'incubation (n° 479).

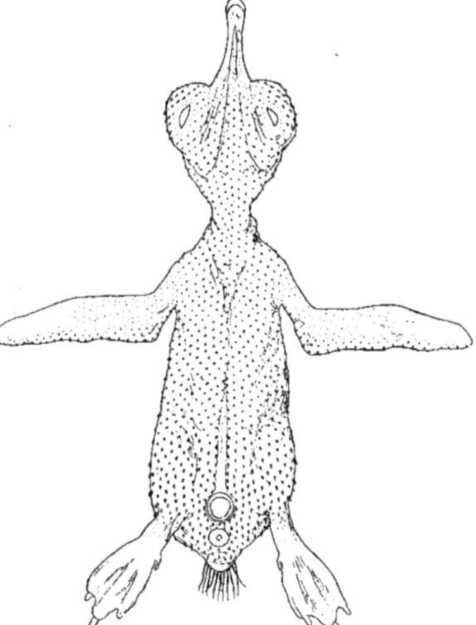

médiane qui, plus réduite, constituera chez l'adulte l'aptérium ventral médian (fig. 6).

Puis les côtés latéraux s'envahissent de telle sorte qu'au dix-septième jour environ (*P. antarctica* ; voir fig. 6), les seules portions dépourvues de bulbes pennigères sont le sommet de la tête, les ailes et la région antérieure du cou.

Bientôt ils apparaissent sur cette dernière, en même

temps que sur la face externe du bord cubital de l'avant-bras (*P. antarctica*; voir fig. 7).

La face interne de l'aile ne commence à être envahie que vers le vingt et unième jour (*P. antarctica*; fig. 9); au vingt-cinquième jour environ

Fig. 11. — État de la ptérylose chez un *Catarrhactes chrysolophus*, 12 à 13 jours environ d'incubation (n° 420). Les bulbes pennigères du coccyx sont déjà visibles.

Fig. 12. — État de la ptérylose chez un *Catarrhactes chrysolophus*, 15 jours environ d'incubation (n° 421).

(*P. antarctica*; voir fig. 10), les seules parties de cette région dont la peau est encore lisse sont celles qui correspondent au bord radial de la main et au bord antérieur de l'humérus.

Enfin, vers le vingt-sixième jour (*C. chrysolophus*), ces régions se gar-

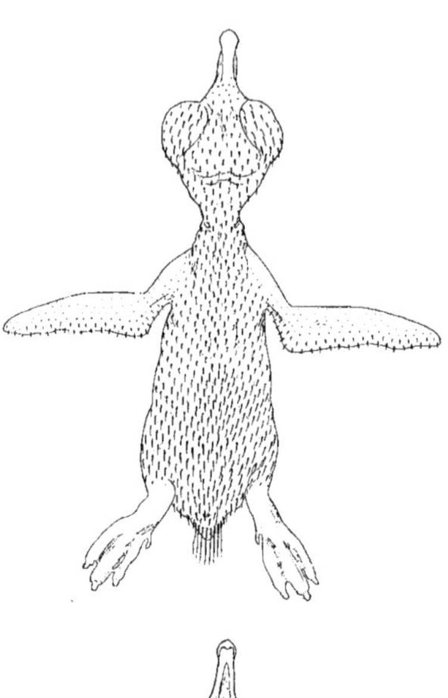

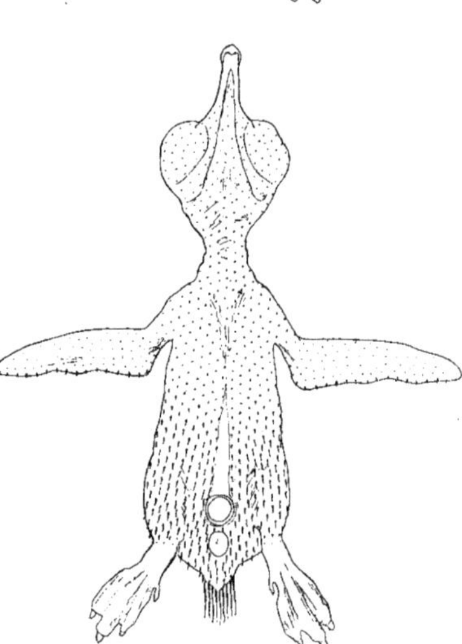

Fig. 13. — État de la ptérylose chez un *Catarrhactes chrysolophus*, 23 à 24 jours environ d'incubation (n° 856).

nissent à leur tour de bulbes, et la ptérylose présente le même type uniforme et continu que chez l'adulte (Voir fig. 14).

Il ressort de ces faits que les Pingouins, aux différents stades de leur développement ontogénique, présentent, comme la plupart des autres Oiseaux, des ptéryles isolés qui se fusionnent peu à peu.

Lorsque la marche du développement de la ptérylose

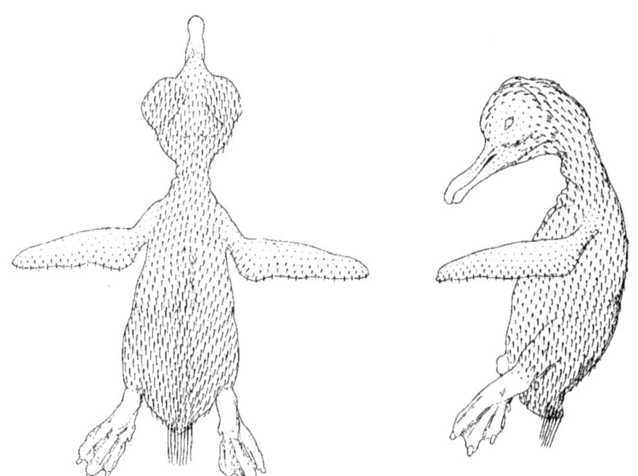

Fig. 14. — État de la ptérylose chez un *Catarrhactes chrysolophus*, 25 jours environ d'incubation (n° 812).

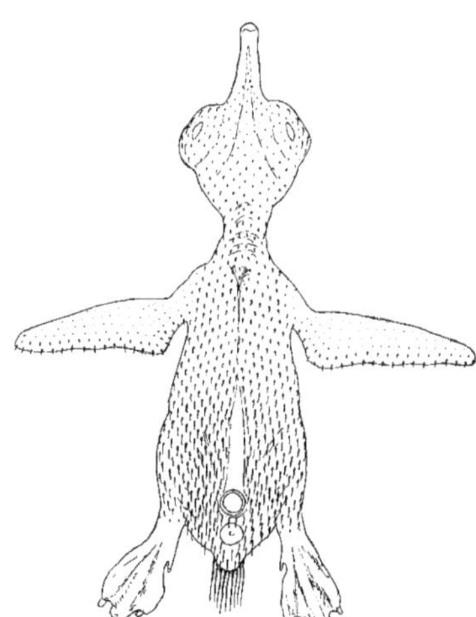

sera mieux connue dans les différents types aviaires, il est hors de doute que des comparaisons pourront être utilement faites, et peut-être les indications que nous venons de fournir pourront-elles servir à préciser les affinités du groupe si spécial à tous égards que constituent les *Spheniscidæ*.

Nota. — Nous avons à dessein donné à notre mémoire une forme aussi concise que possible. Nous croyons, dans ces conditions, pouvoir nous dispenser de résumer les faits que nous avons établis au cours des recherches dont les résultats ont été consignés dans les pages qui précèdent.

LISTE DES OUVRAGES CONSULTÉS

ANTHONY (R.). — Oiseaux et Mammifères (Embryons et Fœtus) (*Exp. ant. Française* (1903-05), *Sc. nat.*, *Doc. Scient.*. Paris, 1907).

ANTHONY (R.) et GAIN (L.). — Sur le développement du squelette de l'aile chez le Pingouin (*Comptes rendus Ac. des Sc.*, t. CLV, p. 1264, 1912).

ANTHONY (R.) et GAIN (L.). — Sur le développement du squelette de l'extrémité postérieure chez le Pingouin (*Comptes rendus Acad. des Sc.*, t. CLVI, p. 482, 1913).

ANTHONY (R.) et GAIN (L.). — Sur le développement de la ptérylose chez les Pingouins (*Comptes rendus Ac. des Sc.*, t. CLVII, p. 1018, 1913).

BARTLETT. — Remarks upon the Habits and change of Plumage of Humboldt's Penguin (*Proc. Zool. Soc.*, 1879, p. 6-9).

COUES ELLIOTT. — Field and General Ornithology, London, 1890, p. 129-131.

DAVIES (H.-R). — Beitrage zur Entwicklung der Feder (*Morphol. Jahrb.*, XIV, 1888; XV, 1889).

FILHOL (H.). — Mission de l'île Campbell. Paris, Gauthier-Villars, 1885. Zoologie, Oiseaux.

GAIN (L.). — Rapports préliminaires sur les travaux exécutés dans l'Antarctique par la mission Charcot (1908-1910) (*Institut de France, Ac. des Sc.*, 1910).

HEINROTH (O.). — Ueber Entwicklung der Feder und Mauser der Penguine (*Journ. of Ornith*, 1903, p. 143).

HYATT (A.). — Cat. of the Ornithol. Coll. of the Boston Soc. of Nat. Hist. (*Proc. Boston Soc. Nat. Hist.*, vol. XIV, 1870-71, p. 237-256).

KLEE (K.). — Bau und Entwickl. der Feder (*Zeitschr. f. gesamml. Naturwiss.*, IX, 1886).

NEWTON et GADOW. — A dictionary of Birds (London, 1893-1896, p. 705, 744 et seq.), p. 72 et seq.

NITZSCH. — Nitzsch's pterylography (*Ray Society*, 1867).

PYCRAFT (W. P.). — A contribution of the Pterylography of Birds wings (*Trans. Leicester Lit. and Philos. Soc.*, vol. II, 1890, p. 3).

PYCRAFT (W. P.). — A contribution towards our Knowledge of the Pterylography of the Megapodii (*Willey's Zoological Results*, part IX, 1900).

PYCRAFT (W. P.). — On some points in the Anatomy of the Emperor and Adélie Penguins (*Nat. Ant. Exp.*, 1901-1904, *Natural history*, vol. II, Zoology, London, 1907).

SCHAUNISLAND (H.). — Zur Entwicklung der Penguine (*Verh. Ges. Deutsch. Naturf.*, 1891).

STIEDA (L.). — Bau Entwickl. der Feder (*Petersb. medic. Zeitschr.*, Bd. XVII, 1869).

WATERSTON and A. CAMPBELL GEDDES. — Report upon the anatomy and embryology of the Penguins collected by the Scottish Nat. Ant. Exp. (*Trans. of the Roy. Soc. of Edinburgh*, vol. XLVII, part. II, n° 10, 1909).

WATSON (M.). — Anatomy of the Spheniscidæ (*Rep. on the Scient. results of the expl. voy. of H. M. S. « Challenger »*, 1873-76, Zool., Vol. VII, p. 236).

LÉGENDES DES PLANCHES

PLANCHE DOUBLE I

Pygoscelis antarctica (Formes de développement, grandeur naturelle).

1. 14 à 15 jours d'incubation environ. Ile Déception, 7 déc. 1909 (nº 472).
2. 17 à 18 jours d'incubation. Ile Déception, 7 déc. 1909 (nº 475).
3. 20 jours d'incubation environ. Ile Déception, 7 déc. 1909 (nº 477).
4. 22 jours d'incubation. Ile Déception, 7 déc. 1909 (nº 479).
5. 24 jours d'incubation environ. Ile Déception, 15 déc. 1909 (nº 833).
6. 26 à 28 jours d'incubation environ. Ile Déception, 15 déc. 1909 (nº 831).
7. 30 jours d'incubation. Ile Déception, 15 déc. 1909 (nº 828).
8. Terme de l'incubation. Ile Déception, 15 déc. 1909 (nº 827).
9. Id. (nº 825) ; pour montrer la position dans l'œuf.
10. Id. (nº 824) ; au moment qui précède immédiatement la sortie de l'œuf.
11. Poussin de 1 jour. Ile Déception, 15 déc. 1909 (nº 821).
12. Poussin de 3 à 4 jours. Ile Déception, 21 déc. 1909 (nº 859).
13. Poussin de 5 à 6 jours. Ile Déception, 21 déc. 1909 (nº 862).

Calarrhactes chrysolophus (Formes de développement, grandeur naturelle).

14. 6 à 8 jours d'incubation. Ile Déception, 4 déc. 1909 (nº 416).
15. 8 à 9 jours d'incubation. Ile Déception, 4 déc. 1909 (nº 417).
16. 9 à 10 jours d'incubation. Ile Déception, 4 déc. 1909 (nº 418).
17. 11 jours d'incubation. Ile Déception, 4 déc. 1909 (nº 419).
18. 12 à 13 jours d'incubation environ. Ile Déception, 4 déc. 1909 (nº 420).
19. 14 à 15 jours d'incubation environ. Ile Déception, 4 déc. 1909 (nº 421).
20. 23 à 24 jours d'incubation environ. Ile Déception, 15 déc. 1909 (nº 856).
21. 24 jours d'incubation environ. Ile Déception, 15 déc. 1909 (nº 811).
22. 25 jours d'incubation environ. Ile Déception, 15 déc. 1909 (nº 812).
23. 25 jours d'incubation environ. Ile Déception, 15 déc. 1909 (nº 812 *bis*).
24. 26 jours d'incubation environ. Ile Déception, 15 déc. 1909 (nº 813).
25. 30 jours d'incubation environ. Ile Déception, 17 déc. 1909 (nº 868).

PLANCHE DOUBLE II

Pygoscelis papua (Formes de développement, grandeur naturelle).

1. 20 jours d'incubation environ. Port-Lockroy (île Wiencke), 28 déc. 1908 (nº 41).
2. 21 à 23 jours d'incubation environ. Port-Lockroy, 28 déc. 1908 (nº 43).
3. 25 jours d'incubation environ. Port-Lockroy, 28 déc. 1908 (nº 44).
4. 28 jours d'incubation environ. Baie de l'Amirauté (île du Roi-George, Shetlands du Sud), 26 déc. 1908 (nº 922).
5. Moment de l'éclosion. Port-Lockroy. 28 déc. 1908 (nº 45).
6. Moment qui précède immédiatement la sortie de l'œuf. Port-Lockroy, 28 déc. 1908 (nº 18).
7. Poussin de 3 à 4 jours. Port-Lockroy, 28 déc. 1908 (nº 19).
8. Poussin de 5 à 6 jours. Baie de l'Amirauté, 26 déc. 1909 (nº 909).
9. Poussin de 7 à 8 jours environ. Baie de l'Amirauté, 26 déc. 1909 (nº 907).

PLANCHE III

Pygoscelis Adeliæ (Formes de développement, grandeur naturelle).

1. 13 à 14 jours d'incubation environ ; exemplaire obtenu en couveuse. Œuf pondu à l'île Petermann le 15 nov. 1909 (nº 390).
2. 15 jours d'incubation environ ; exemplaire obtenu en couveuse. Œuf pondu à l'île Petermann le 14 nov. 1909 (nº 449).
3. Moment de l'éclosion. Ile Booth-Wandel, 30 déc. 1908 (nº 58).
4. Poussin de 5 jours environ. Ile du Roi-George, 26 déc. 1909 (nº 898).
5. Poussin de 8 jours environ. Ile du Roi-George, 26 déc. 1909 (nº 897).

PLANCHE IV

(Formes de développement hors série.)

Pygoscelis antarctica.

1. Terme de l'incubation. Réduction 53 p. 100 (nº 827).
2. Terme de l'incubation. Réduction 53 p. 100 (nº 826).
3. Terme de l'incubation. Réduction 53 p. 100 (nº 825).
4. Poussin à sa sortie de l'œuf. Réduction 46 p. 100 (nº 822).
5. Poussin de 1 jour. Réduction 46 p. 100 (nº 818).
6. Poussin de 2 jours. Réduction 46 p. 100 (nº 815).

Catarrhactes chrysolophus (× 3).

7. 6 à 8 jours d'incubation (nº 416).
8. 8 à 9 jours d'incubation (nº 417).
8. 9 à 10 jours d'incubation (nº 418).
10. 11 jours d'incubation (nº 419).
11. 12 à 13 jours d'incubation (nº 420).
12. 14 à 15 jours d'incubation (nº 421).

Pygoscelis papua (Réduction 1/2).

13. Poussin de 3 à 4 jours. Face dorsale (nº 49).
14. Poussin de 3 à 4 jours. Face ventrale (nº 49).

PLANCHE V

1º Formes de développement hors série (*suite*).

Pygoscelis Adeliæ (× 3).

1. 13 jours d'incubation environ : exemplaire avec ses membranes, obtenu en couveuse (nº 390).
2. 15 jours d'incubation environ, exemplaire obtenu en couveuse. Les bulbes pennigères de la région coccygienne sont visibles (nº 449).

Pygoscelis antarctica (× 3).

3. 14 jours d'incubation environ ; exemplaire obtenu en couveuse. Les bulbes pennigères de la région coccygienne sont visibles (nº 472).

2º Squelette du membre antérieur gauche des adultes :

4. *Pygoscelis Adeliæ.*
5. *Pygoscelis antarctica.*
6. *Catarrhactes chrysolophus.*
7. *Pygoscelis papua.*

PLANCHE VI

Squelette du membre postérieur gauche des adultes.

1° Face plantaire :

1. *Pygoscelis Adeliæ.*
2. *Pygoscelis antarctica.*
3. *Catarrhactes chrysolophus.*
4. *Pygoscelis papua.*

2° Face antérieure :

5. *Pygoscelis Adeliæ.*
6. *Pygoscelis antarctica.*
7. *Catarrhactes chrysolophus.*
8. *Pygoscelis papua.*

PLANCHE VII

(Développement du squelette de l'aile chez le *Pygoscelis Adeliæ.*)

I, n° 390. — II, n° 449. — III, n° 58. — IV, n° 898. — V, n° 894. — VI, n° 889. — VII, adulte (pour la provenance et l'âge des différents sujets, se reporter aux listes que nous avons données; ceci dit pour les quatre premières figures du texte. — H, humérus; R, radius; U, cubitus; *r*, radial; *u*, cubital; *dc*, massif carpien distal; 1, premier rayon; 2, deuxième rayon; 3, troisième rayon; *h*, *h'*, sésamoïdes du triceps.

PLANCHE VIII

(Développement du squelette de l'aile chez le *Pygoscelis papua.*)

I, n° 41. — II, n° 45. — III, n° 909. — IV, n° 906. — V, n° 904. — VI, n° 901. — VII, adulte.

PLANCHE IX

(Développement du squelette de l'aile chez le *Pygoscelis antarctica.*)

I, n° 472. — II, n° 477. — III, n° 833. — IV, n° 828. — V, n° 821. — VI, n° 862. — VII, adulte.

PLANCHE X

(Développement du squelette de l'extrémité postérieure chez le *Pygoscelis papua.*)

I, n° 41. — II, n° 922. — III, n° 45. — IV, n° 909. — V, n° 906. — VI, n° 904. — VII, n° 901. — VIII, adulte.

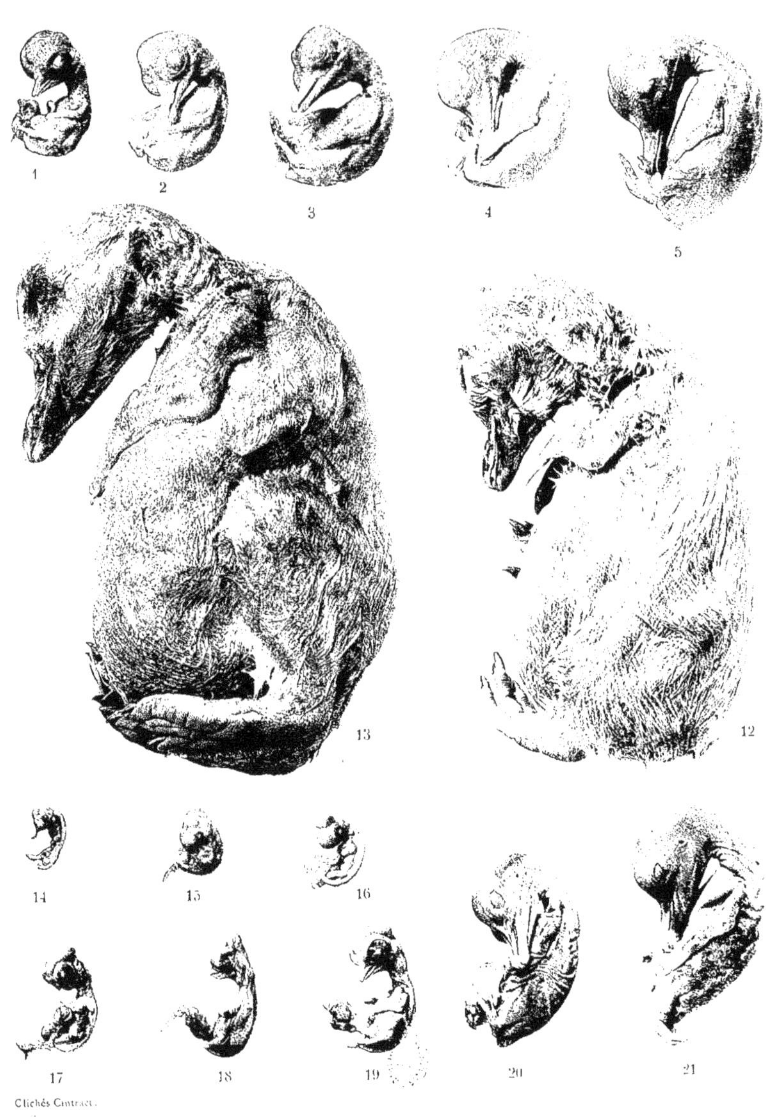

Clichés Cintract.

EMBRY

1-13 : embryons et poussins de

Pl. I

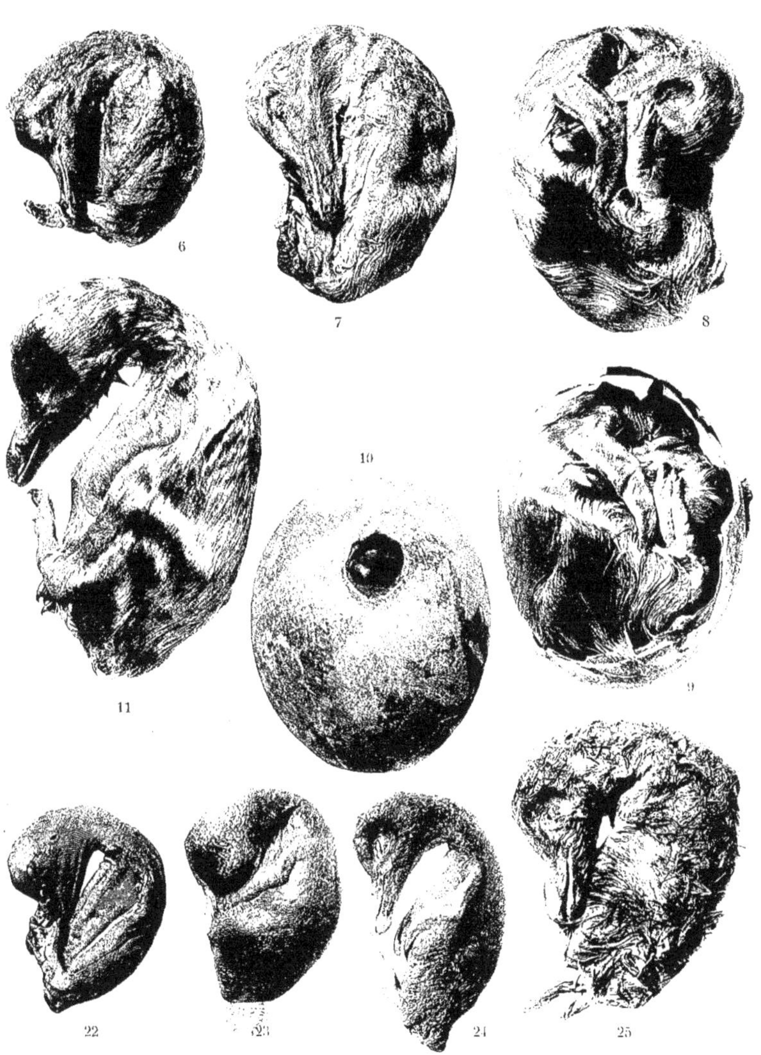

Phototypie Berthaud, Paris.

CIDÆ
embryons de *Cal. chrysolophus*.

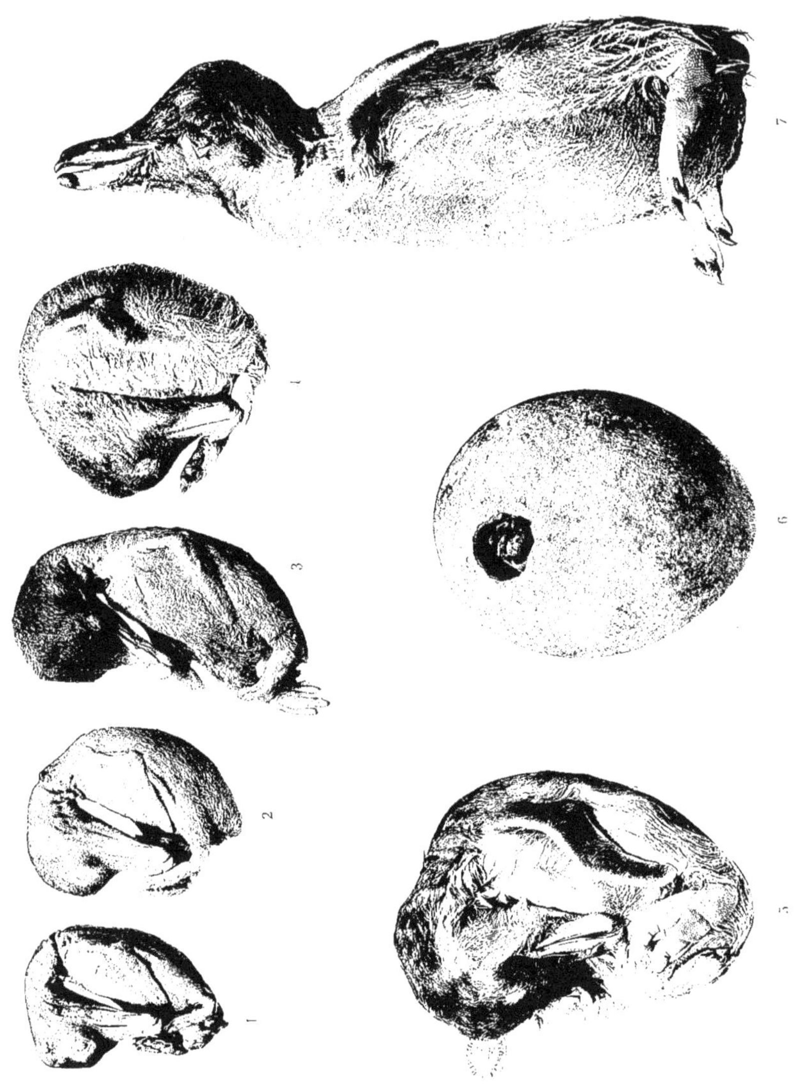
1
2
3
4
5
6
7

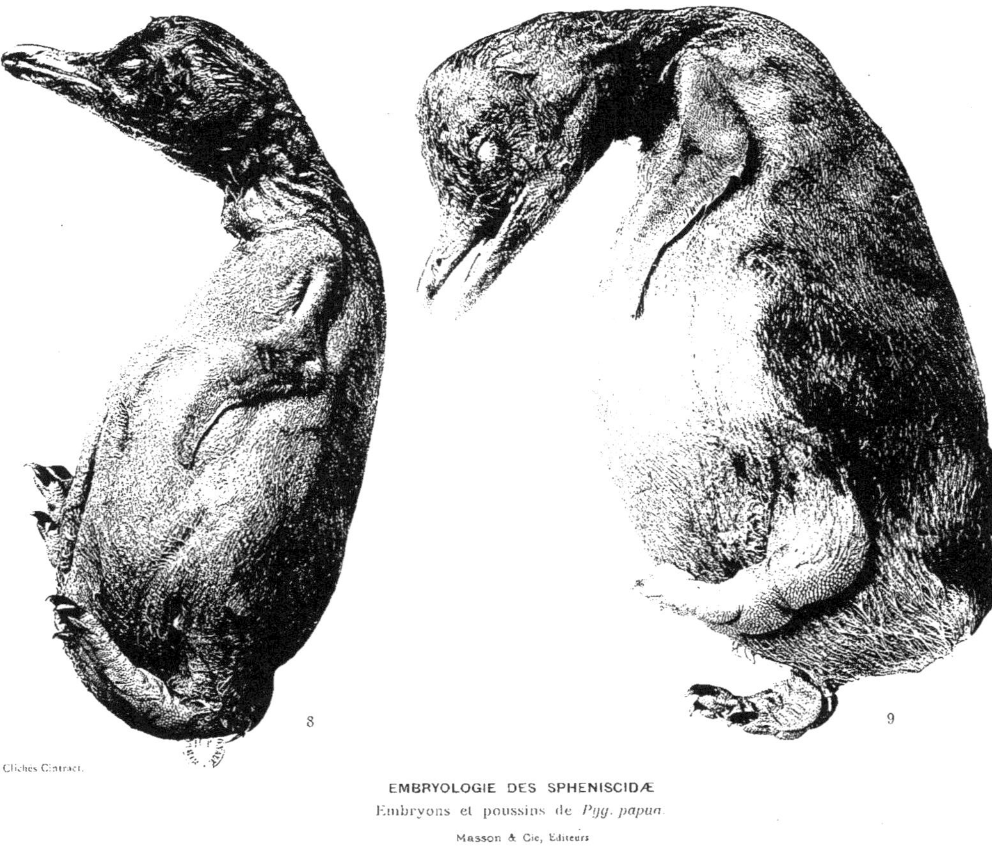

Clichés Cintract.

EMBRYOLOGIE DES SPHENISCIDÆ

Embryons et poussins de *Pyg. papua.*

Masson & Cie, Éditeurs

Pl. II

1

2

3

4

5

Clichés Contract.

EMBRYOLOGIE DES SPHENISCIDÆ

Embryons et poussins de *Pyg. Adeliæ*.

Masson & Cie, Éditeurs

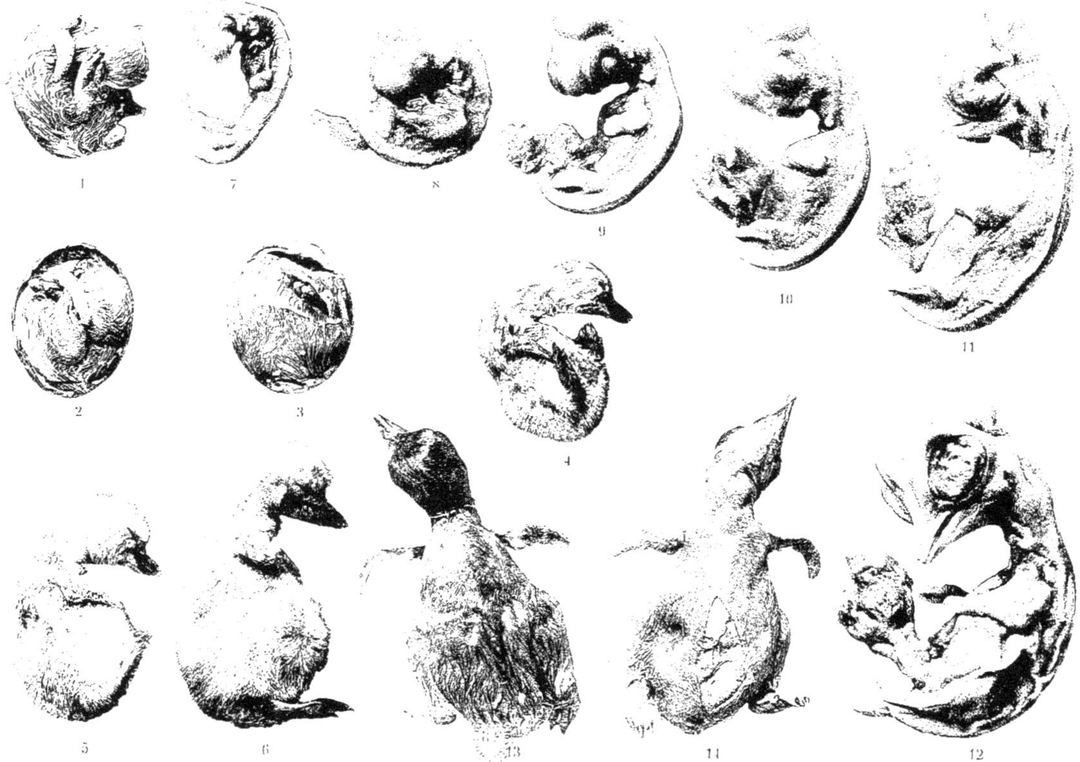

1 7 8 9 10 11

2 3 4

5 6 13 14 12

Clichés Sononque et Cintract.

EMBRYOLOGIE DES SPHENISCIDÆ

1-6 : poussins de *Pyg. antarctica.* — 7-12 : embryons de *Cat. chrysolophus.* — 13-14 : poussins de *Pyg. papua.*

Masson & Cie, Éditeurs

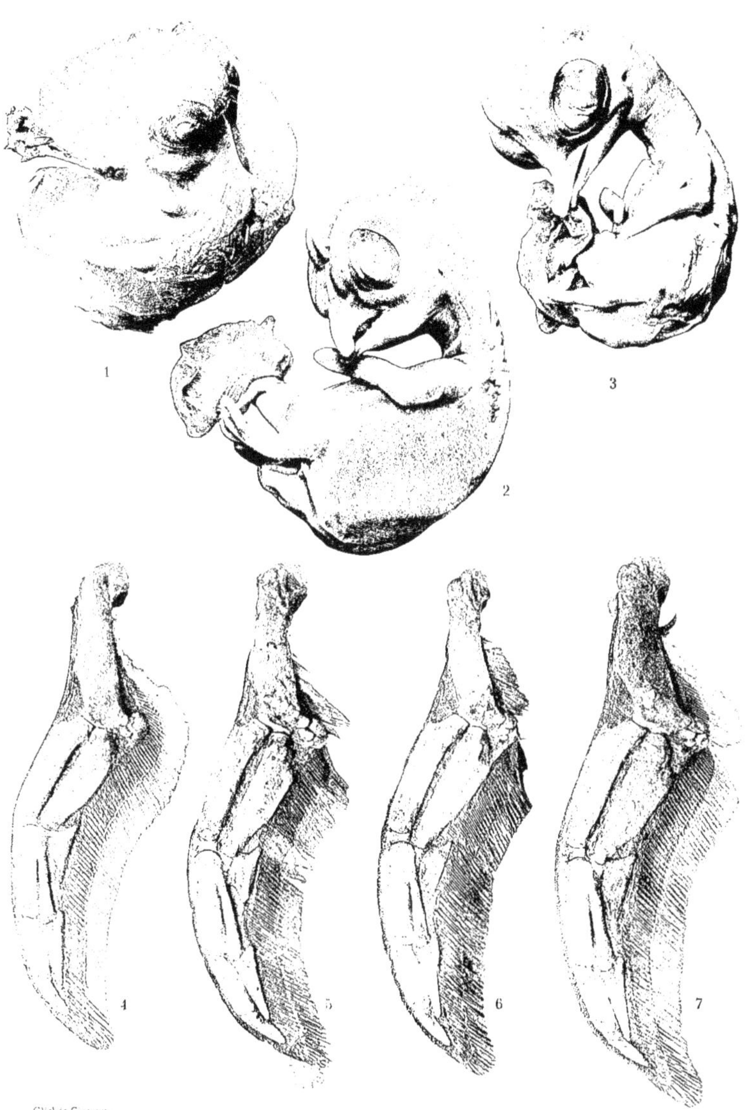

Clichés Cintract.

EMBRYOLOGIE DES SPHENISCIDÆ

1-2 : embryons de *Pyg. Adeliæ*. — 3 : embryon de *Pyg. antarctica*. — 4-7 : squelette du membre antérieur gauche des adultes.

Masson & Cie, Éditeurs

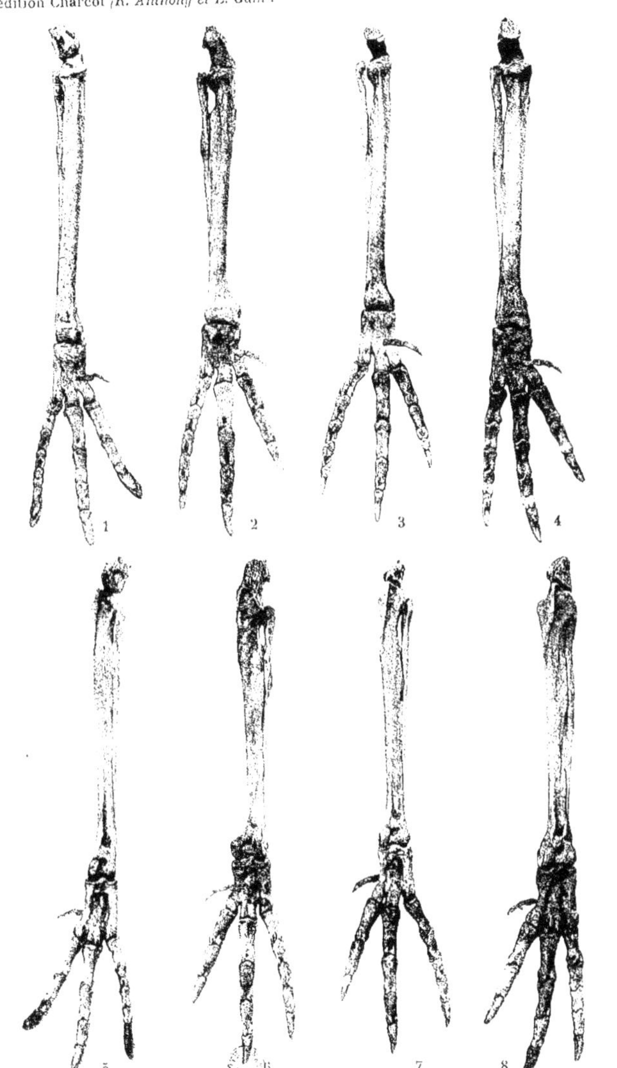

Clichés Cintract. Phototypie Berthaud, Paris.

EMBRYOLOGIE DES SPHENISCIDÆ

Squelette du membre postérieur gauche des adultes. — 1-4 : face plantaire. — 5-8 : face antérieure.

Masson & Cie, Éditeurs

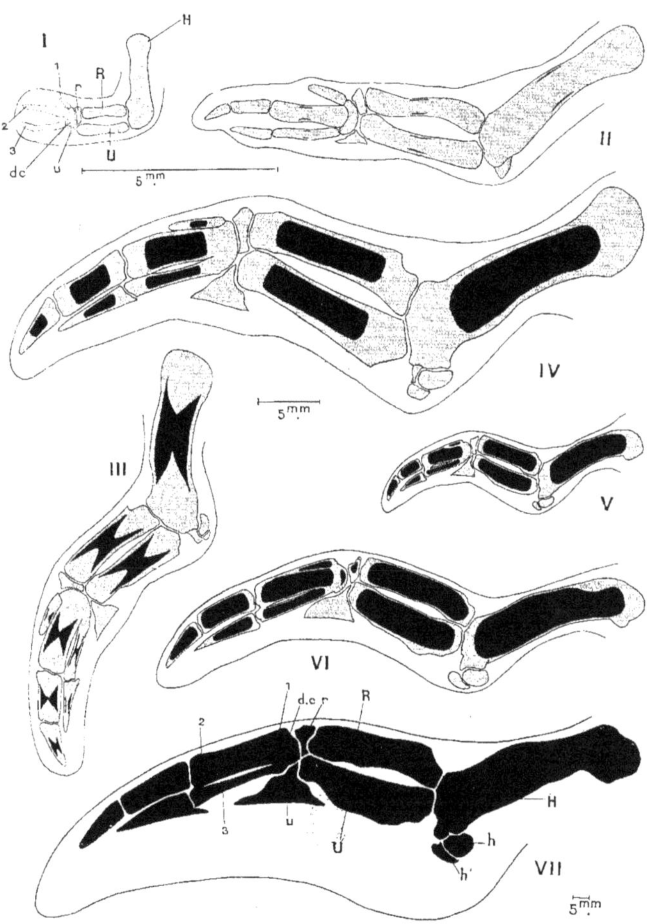

L. Gain ad nat. del.

EMBRYOLOGIE DES SPHENISCIDÆ

Ailerons de *Pygoscelis Adeliæ*.

Masson & Cie, Éditeurs.

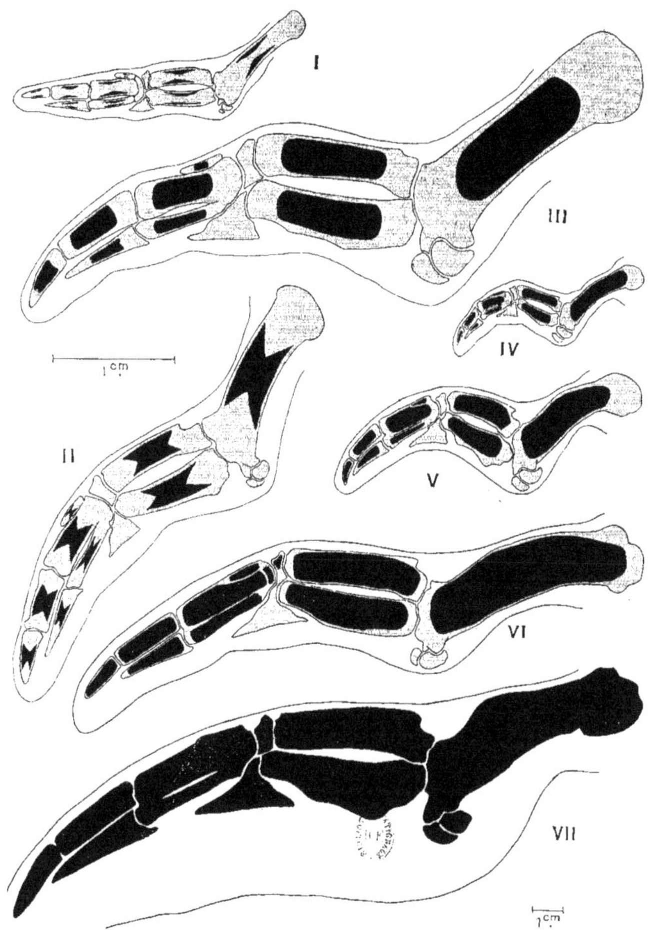

L. Gain ad nat. del.

EMBRYOLOGIE DES SPHENISCIDÆ

Ailerons de *Pygoscelis papua*.

Masson & Cie, Éditeurs.

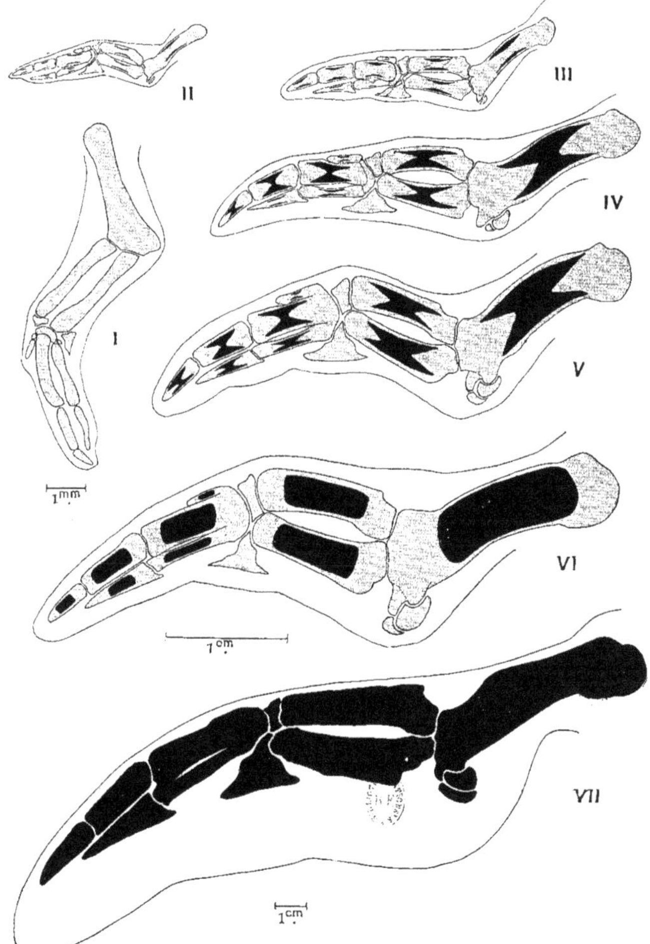

L. Gain ad nat. del.

EMBRYOLOGIE DES SPHENISCIDÆ

Ailerons de *Pygoscelis antarctica*.

Masson & Cie, Éditeurs.

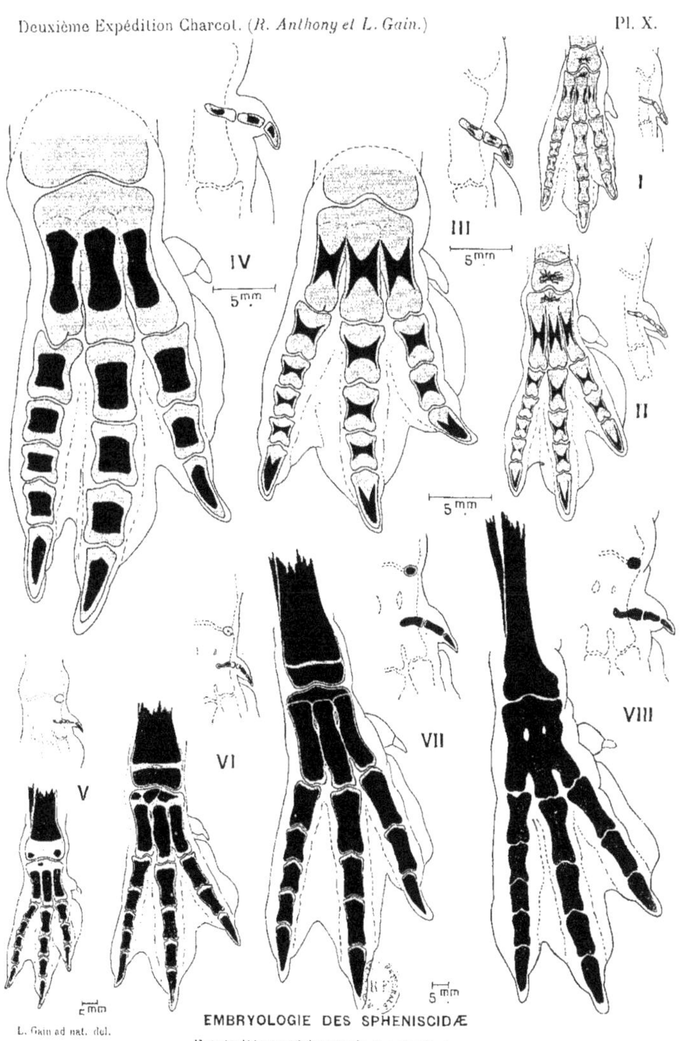

L. Gain ad nat. del.

EMBRYOLOGIE DES SPHENISCIDÆ

Extrémités postérieures de *Pygoscelis papua*.

Masson & Cie, Éditeurs.

Fascicules publiés

CARTES. — 11 cartes en couleurs, par M. BONGRAIN et R.-E. GODFROY .... 34 *fr.*

PHYTOPLANCTON, par L. MANGIN. *1 fasc. de 96 pages (3 planches en noir et en couleurs)* .... 3 *fr.*

NÉMERTIENS, CÉPHALOPODES, BRACHIOPODES, par J. JOUBIN. — **ALCYONAIRES, MADRÉPORAIRES**, par CH. GRAVIER. — **HYDROIDES**, par ARMAND BILLARD. — **OISEAUX ANTARCTIQUES**, par L. GAIN. — *1 fasc. de 418 pages (32 pl.)* .... 50 *fr.*

RHIZOPODES D'EAU DOUCE, par E. PENARD. — *1 fasc. de 16 pages* .... 2 *fr.*

FORAMINIFÈRES, par E. FAURÉ-FREMIET. *16 pages (1 planche).* — **ARTHROPODES. Acariens**, par E.-L. TROUESSART. *16 pages. Ensemble, 1 fascicule* .... 3 *fr.*

ÉCHINODERMES. — ***Astéries, Ophiures et Échinides***, par R. KŒHLER. *1 fasc. de 270 pages (16 planches doubles)* .... 34 *fr.*
Holothuries, par CL. VANEY. *1 fasc. de 54 pages (5 planches)* .... 8 *fr.*

VERS. — ***Polyclades et Triclades maricoles***, par HALLEZ ; ***Ptérobranches***, par CH. GRAVIER ; ***Chétognathes***, par L. GERMAIN ; ***Rotifères***, par P. DE BEAUCHAMP. *1 fasc. de 116 pages (9 planches)* .... 15 *fr.*
Annélides Polychètes, par CH. GRAVIER. *1 fasc. de 165 pages (12 planches)* .... 24 *fr.*

CRUSTACÉS. — ***Crustacés isopodes***, par H. RICHARDSON ; ***Crustacés parasites***, par CH. GRAVIER ; ***Amphipodes***, par Ed. CHEVREUX ; ***Mallophaga et Ixodidæ***, par L.-G. NEUMANN ; ***Collemboles***, par IVANOF. *1 fasc. de 204 pages* .... 16 *fr.*

PYCNOGONIDES, par E.-L. BOUVIER ; ***Ostracodes marins***, par E. DADAY DE DÉES ; ***Phyllopodes anostracés***, par E. DADAY DE DÉES ; ***Infusoires nouveaux***, par E. DADAY DE DÉES ; ***Copépodes parasites***, par A. QUIDOR ; ***Diptères***, par KEILIN. *1 fasc. de 232 pages avec fig. (6 planches)* .... 18 *fr.*

MOLLUSQUES. — ***Gastropodes prosobranches, Scaphopodes et Pélécypodes***, par ED. LAMY ; ***Amphineures***, par JOH. THIELE. *1 fasc. de 34 pages (1 planche)* .... 4 *fr.*

PROTOCORDÉS. — ***Tuniciers***, par le Dr C.-PH. SLUITER. *1 fasc. de 39 pages (4 planches)*. 7 *fr.*

POISSONS, par L. ROULE, avec la collaboration de MM. ANGEL et R. DESPAX. *1 fasc. de 32 p. (4 planches en noir et en couleurs)* .... 8 *fr.*

CÉTACÉS. — ***Baleinoptères, Ziphiidés, Delphinidés***, par le Dr J. LIOUVILLE. *1 fasc. de 276 p. (15 planches)* .... 30 *fr.*

EMBRYOLOGIE DES SPHENISCIDÆ, par R. ANTHONY et L. GAIN. *1 fasc. de 28 pages (12 planches)* .... 12 *fr.*

BOTANIQUE. — ***Flore algologique antarctique et subantarctique***, par L. GAIN. — *1 fasc. de 218 pages (8 planches)* .... 24 *fr.*
Revision des Mélobésiées antarctiques, par Mme PAUL LEMOINE. *1 fasc. de 72 p. (2 pl.)*. 7 *fr.*
Mousses, par J. CARDOT. *1 fasc. de 32 pages (5 planches)* .... 6 *fr.*

LICHENS, par M. l'abbé HUE. *1 fasc. de 202 pages* .... 12 *fr.*

OBSERVATIONS MÉTÉOROLOGIQUES, par J. ROUCH. *1 fasc. de 260 p. (16 planches)*. 34 *fr.*

ÉTUDES SUR LES MARÉES, par R.-E. GODFROY. *1 fasc. de 74 pages (11 pl.)* .... 18 *fr.*

OBSERVATIONS D'ÉLECTRICITÉ ATMOSPHÉRIQUE, par J. ROUCH. *1 fasc. de 40 pages (7 planches)* .... 9 *fr.*

OCÉANOGRAPHIE PHYSIQUE, par J. ROUCH. *1 fasc. de 46 pages (2 pl.)* .... 3 *fr.*

EAUX MÉTÉORIQUES, SOL ET ATMOSPHÈRE, par A. MUNTZ et E. LAINÉ. *1 fasc. de 47 pages* .... 6 *fr.*

DESCRIPTION DES CÔTES ET BANQUISES. — ***Instructions nautiques***, par M. BONGRAIN. *1 fasc. de 64 pages (4 cartes et 11 planches)* .... 18 *fr.*

CORBEIL. — Imprimerie CRÉTÉ.

www.ingramcontent.com/pod-product-compliance
Ingram Content Group UK Ltd.
Pitfield, Milton Keynes, MK11 3LW, UK
UKHW012256240726
13966UKWH00004B/1444